知识产权教育
　　　　是创新教育的
　　　　　　总纲

"云南知识产权教育系列读本"编委会

主　　编：徐　建

副 主 编：张毓洌　朱加富　李　霞　邓国谊　晏祥彪

编　　委：盛洪琳　廖　丽　周　霞　李本胜　胡志辉

插　　图：荫伟杰

封　　面：戴　静

校　　对：徐　建　晏祥彪　张毓洌　李　霞

版式设计：云南隐狼文创

蒲公英行动

知识产权教育读本

主编 徐 建

云南出版集团

YNK 云南科技出版社

·昆明·

图书在版编目（CIP）数据

蒲公英行动：知识产权教育读本 / 徐建主编．--
昆明：云南科技出版社，2022.4
ISBN 978-7-5587-1999-8

Ⅰ．①蒲… Ⅱ．①徐… Ⅲ．①知识产权保护－中国－
青少年读物 Ⅳ．① D923.4-49

中国版本图书馆 CIP 数据核字（2019）第 010372 号

蒲公英行动：知识产权教育读本

PUGONGYINGXINGDONG: ZHISHI CHANQUAN JIAOYU DUBEN

徐 建　主编

出 版 人：温　翔
策　　划：高　亢
责任编辑：赵　敏
整体设计：徐　建
责任校对：张舒园
责任印制：蒋丽芬

书　　号：ISBN 978-7-5587-1999-8
印　　刷：昆明亮彩印务有限公司
开　　本：787mm×1092mm　1/16
印　　张：4.25
字　　数：100千字
版　　次：2022年4月第1版
印　　次：2022年4月第1次印刷
定　　价：30.00元

出版发行：云南出版集团　云南科技出版社
地　　址：昆明市环城西路609号
电　　话：0871-64192481

前 言

　　《蒲公英行动 · 知识产权教育读本》（以下简称《读本》）是知识产权宣传教育学习的主要材料，也是教师进行中小学知识产权教学的依托，是学生获得知识、发展智力，培养创新精神和创造能力的重要工具。

　　本册《读本》总共分为五大部分。《读本》依据中小学生的心理特点和认识水平，对知识产权申请流程等专业理论不作赘述，主要通过新颖的小故事、有趣的实践活动，帮助学生树立尊重和保护知识产权的意识。

　　本册《读本》围绕知识产权"是什么""为什么"以及"怎么做"等相关的知识，设计了丰富多彩的创意实践活动[A、B、C、D]以及案例等内容。

　　【讲故事】知识产权知识的趣味开启——趣味开启

　　【找线索】知识产权知识讲解的思路导航——思维导航

　　【追问题】知识产权知识的探究延伸——探究延伸

　　【来揭秘】知识产权基础知识的理论升华——理论升华

　　【去实践】知识产权知识的实践运用——实践运用

　　以任务式的学习和项目式的研究，让学习真实地发生，在教与学的过程中实现知识产权教育的目的。

　　《读本》的推行，将成为云南知识产权教育走进中小学幼儿园，完成知识产权教育工作的重要保障。提升中小学生尊重和保护知识产权的意识，以知识产权教育培养科学素养和创新能力，就像撬动地球的杠杆，能创造令人意想不到的奇迹。

目录
Contents

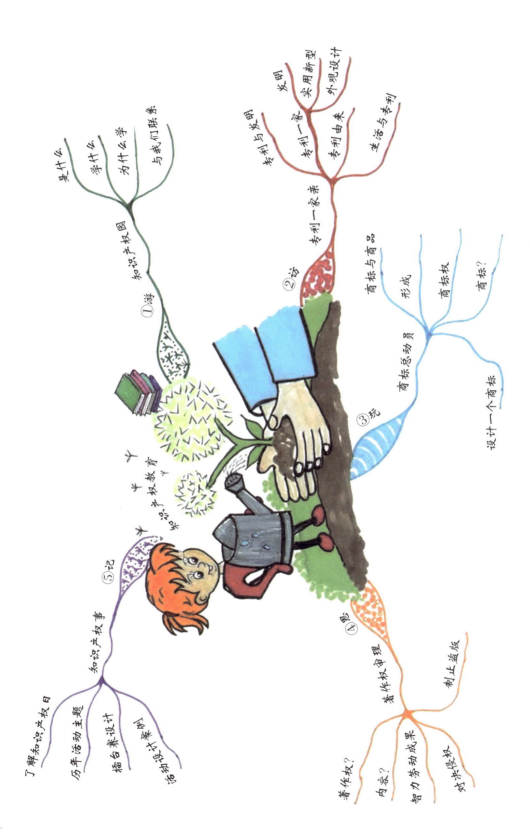

知识产权教育

①游 知识产权校园
- 是什么
- 学什么
- 为什么学
- 与我们联系

②访 专利一家亲
- 专利与发明
- 专利一家亲
  - 发明
  - 实用新型
  - 外观设计
- 专利由来
- 生活与专利

③玩 商标总动员
- 商标与商品
- 形成
- 商标权
- 商标？
- 设计一个商标

④悟 著作权管理
- 著作权？
- 内容？
- 智力劳动成果
- 对谁侵权
- 制止盗版

⑤记 知识产权事
- 了解知识产权日
- 历年活动主题
- 知识产权主题
- 摊台素设计
- 活动设计案例

本章关键：知识产权是保护创造者的利益。

游 知识产权园
Intellectual Property Park

 【讲故事】

一位同学高兴地说："看！我爸爸给我买的机器人，这可是正版的哦！"

另外一位同学说："这有什么好显摆的，这个机器人普通玩具店就有，我爸爸也给我买了一个，才几十块！"

这位同学一听急了："不一样的，正版的就是正版的，你那是'山寨'货。""正版和'山寨'除了价格不一样，还有什么区别？"于是两位同学为此争吵起来。确实，和正版相比，"山寨"货更便宜，但是，这样下去，真的好吗？买"山寨"货，会有什么坏处呢？

【找线索】知识产权是什么？

知识产权是保护知识拥有者和创造者的利益，它是法律赋予知识产品所有人对其创造成果所享有的某种专有权利。

这是一种无形的财产，包括人身权利和财产权利，也称为精神权利和经济权利。

Intellectual Property Park

✳ 【追问题】知识产权的内容有哪些?

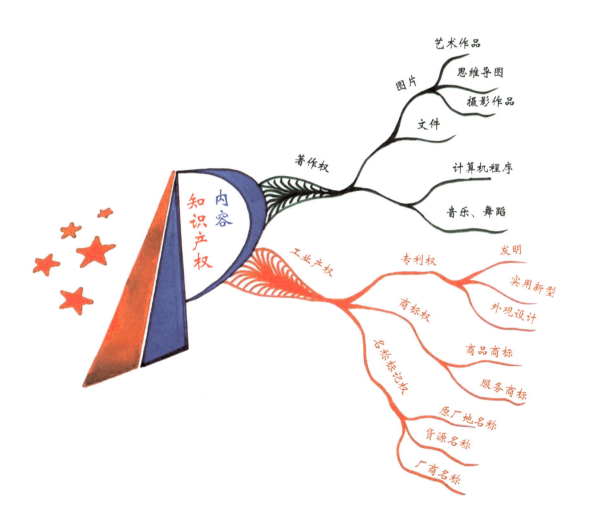

✳ 【来揭秘】知识产权与我们的关系

知识产权具有排他性、时间性、地域性。

❄ 下列物品中，哪些属于改变生活的发明？

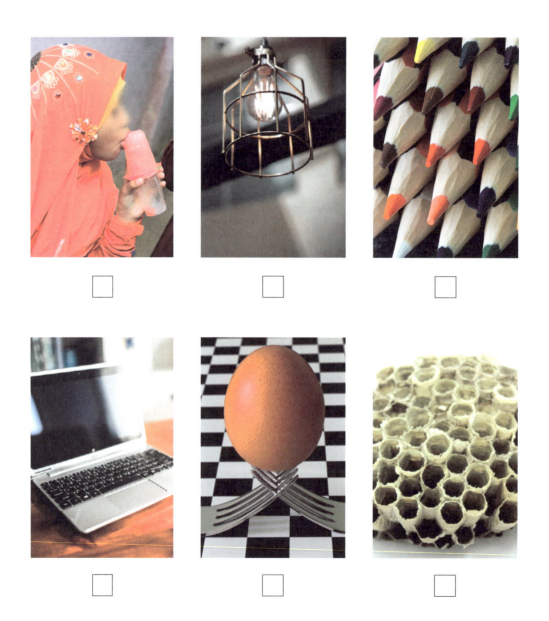

✿【找线索】《知识产权法》包括（　　　）

  A.《著作权法》　　　　B.《专利法》　　　　C.《商标法》

✿【追问题】什么机构是政府管理专利工作的部门？

✿【来揭秘】知识产权的作用

  思维不受法律保护，实现思维的技术方案才受保护。

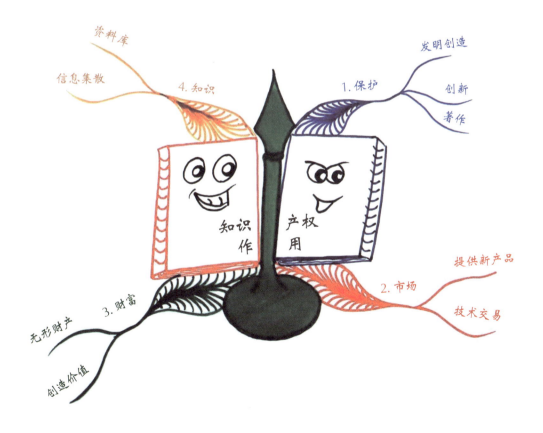

加字游戏（学习中的创新）

请你在"人"字上变化，使它变成一个新字。

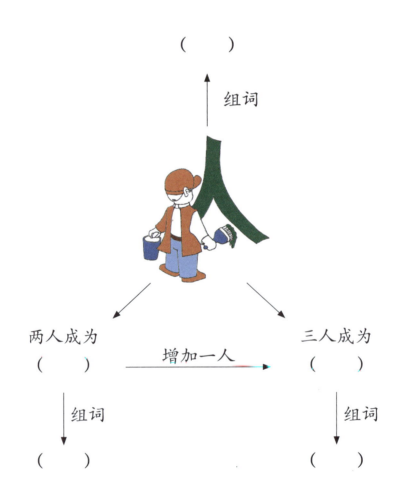

（　　）

↑ 组词

两人成为　　　　　增加一人　　　　三人成为
（　　）　　→　　　　　　　　　　　（　　）

↓ 组词　　　　　　　　　　　↓ 组词

（　　）　　　　　　　　　　　　（　　）

拼图游戏

请你用"●▲—"尽可能多地设计出各种图案。（一次可用多个●或多个▲或多个—）

一个三年级的小学生看到妈妈给小弟弟喂牛奶，怕烫着小弟弟，先尝一尝试试温度。他想：这样不卫生，但不尝又无法知道牛奶的温度，怎么解决这个问题呢？

1. 在奶瓶内壁上装一支温度计

好棒哦！
不用尝就可以准确地知道瓶内牛奶的温度！

知识产权教育读本

发明基本方法

2. 发明游戏（加一加）

奶瓶 + 温度计 = 带温度计的奶瓶

铅笔 + 橡皮 = 橡皮头铅笔

电话 + 录音机 = 录音电话

壶盖 + 伸缩拉杆 = 带伸缩拉杆的壶盖

3. 想想生活中有什么东西还不够方便

能否把另一件东西和它组合，从而变得方便？

_____ + _____ = _____

_____ + _____ = _____

_____ + _____ = _____

太棒了！你也可以成为伟大的发明大王！

💡 1.思考一下，这两位同学为什么而争执？

　　两个同学吵架了，请你观察、分析下图，说说他们为什么吵架？

作文是我想出来的！

是我先写出来的！

原来如此！

《著作权法》只保护思想和情感的表达形式，不保护思想和情感本身。

2. 简单的组合成就伟大的发明

钢笔可以和哪些东西组合在一起？

新发明

钢笔 +（　　　　　　）=（　　　　　　）

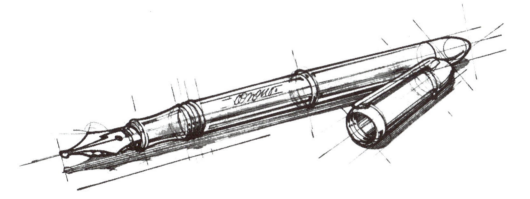

指南针和哪些东西组合在一起会产生新的功能？

新发明、新功能

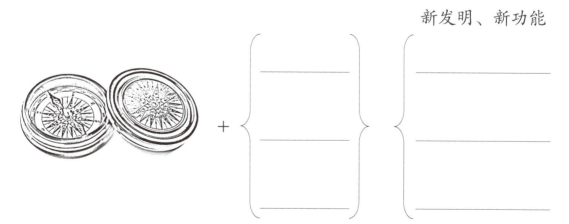

3. 很多伟大的发明都来源于大自然哦（仿生发明）

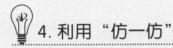

仿照

"蝙蝠的飞行" ——————【雷达】

"鱼在水中的游动" 发明了 ——————【潜水艇】

"大袋鼠的跳跃" ——————【越野汽车】

"大鲸在海中游动" ——————【高速轮船】

4. 利用"仿一仿"

模仿自然界生物的某些形状结构或学习它的某些原理、方法，模仿不是单纯地照搬，而是从现象中寻找规律，模仿中有创造。

生活中有什么事物可以让自己模仿、学习呢？

这样设计，会有什么良好的效果？

动手做一做，可以创造出什么新的事物？

充气轮胎

英国人邓禄普看见儿子骑着硬轮自行车在卵石上颠簸行驶，非常危险。他想，能否做一种新的可以减少震动的轮胎呢？

他模仿花园里浇水的橡皮管，脚踩上去很有弹性的原理，成功发明了充气轮胎。

四用防触电插座

小发明者是受到双层玻璃窗启发而发明四用防触电插座的。发明作品的创新关键部位——四片活门的巧妙组合，该作品曾获世界青少年科技作品展览最佳奖。

💡 5. 大胆想

同学们掌握了"仿一仿"的方法。

模仿"爬山虎"你能想到发明什么？

2 访

专利一家亲
An Interview with A Patent Family

 【讲故事】专利的由来

很久以前，有一位热爱生活的国王。他担心蜡烛会弄脏心爱的桌子，就在蜡烛下方垫上一个盘子；他想把花悬挂在空中，就给花盆加上了挂钩……他希望自己的子民也能像他一样热爱生活，积极发明创造。为此他下令，任何有价值的发明，都将得到国王的赏赐。然而，事情的发展却并没有像他所希望的那样。刚开始确实出现了许多发明创造，但民众却在因某个发明究竟是谁想出来的而争论不休，旁人也无从分辨，久而久之，也就没有人再愿意去发明东西了。这是为什么呢？

国王将众大臣召集起来，一起商议如何确认一项发明究竟谁是原创。大臣们议论纷纷。最终，他们想到了一个办法，在王宫设立"发明管理院"，发明者可以私下将自己的发明设想提交到这里，然后管理院进行审核。如果通过，发明者将获得国王亲自签署的发明者"独占权申明"，并且昭告天下，这样就没有人会损害发明者的权益了。于是，民众开始积极参与发明创造，甚至其他国家的发明家也都把自己的发明提交到发明管理院申请"独占权申明"，这个国家的生活也因此变得越来越美好。

✳ 【来揭秘】最早的专利申明

这份国王签署的发明者独占权申明就是最早的专利申明，而这个王宫的发明管理院，也就相当于今天的国家知识产权局，它产生于公元前 500 年。

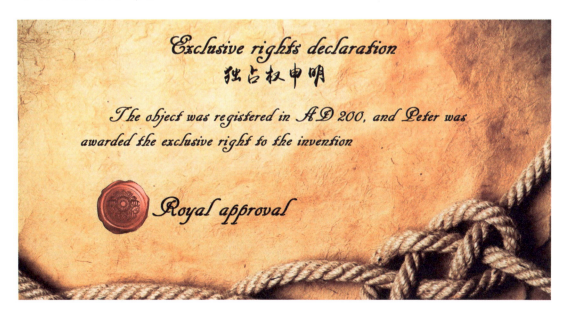

Exclusive rights declaration
独占权申明

The object was registered in AD 200, and Peter was awarded the exclusive right to the invention

Royal approval

了解：

1. 你认为专利和发明的关系是什么？

专利就是为了保护发明创造者的权利而出现的公开申明。

2. 你有可以让生活变得更好的发明创造希望得到专利的保护吗？

3. 请写下你希望获得专利保护的发明创造的名称

（1）

（2）

（3）

（4）

听完上面的故事，我们知道了专利是为了保护发明创造者的权利而进行的公开申明，那么你知道专利对哪些创新成果提供保护吗？

专利的类型都有哪些？

在专利的王国里，有三位守护发明创造者的超级英雄：

大哥充满智慧，拥有很多发明，他被称为**发明**守护使。对产品、方法或者其改进所提出的新的技术方案都由他来守护。

弟弟虽不像哥哥一样能够全面对创新技术方案进行守护，却善于改造，他被称为**实用新型**守护使。对产品的形状、构造或者其结合所提出的适于实用的新的技术方案都由他来守护。

他们还有一个美丽动人的妹妹，什么东西经过她的打理，都会变得和她一样美丽，她被称为**外观设计**守护使。对产品的形状、图案或者其结合以及色彩与形状、图案的结合所做出的富有美感并适于工业应用的新设计，都由她来守护。

✿【找线索】读读、看看、想想，下面的发明创造，应该交给谁来守护？

1. 仔细观察下列衣架，②③④相对于①分别改变了什么？将改变的内容填写在括号里。

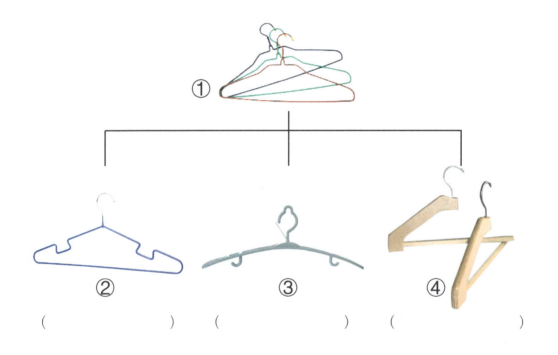

①

②　　　　　　　　　③　　　　　　　　　④

(　　　　　　　)　(　　　　　　　　)　(　　　　　　　　)

　　衣架改变之后获得了什么样的新功能？将新加入的功能写在括号里。

(　　　　　　　)　(　　　　　　　　)　(　　　　　　　　)

上面衣架的改变，应该由哪一位超级英雄来守护呢？在括号里打"√"。

(   )　　　　(   )　　　　(   )

发明　　　　实用新型　　　　外观设计

2. 和普通的钥匙扣相比，下面这些钥匙扣是不是更漂亮呢？他们可以得到超级英雄的守护吗？由谁来守护？

_____

_____

✳ 【来揭秘】——找找"发明、实用新型、外观设计"
之间的区别

发明专利

指对产品、方法或者其改进所提出的新的技术方案。

（突出从无到有）

实用新型专利

又称小发明或小专利，指对产品的形状、构造或者其结合所提出的适于实用的新的技术方案。

（突出把原有发明变得更好的改进）

外观设计专利

指对产品的形状、图案或者其结合以及色彩与形状、图案的结合所做出的富有美感并适于工业应用的新设计。

（突出外观更漂亮）

✳ 【发明实践】发明就在我们身边

同学们，在我们的身边，几乎每一样东西都是前人创造发明出来的：面粉筛、听诊器、防毒面具、榨汁机等。因为有了这些发明创造，我们的生活变得有趣而美好了。

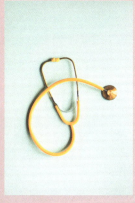

　　生活中有很多发明，写字的笔、移动电话、鼠标、手表、计算机等。除了这些，你还能找出其他发明创造吗？你知道这些发明属于哪一种专利类型？

（1）教室里的发明创造：＿＿＿＿＿＿　　专利类型：＿＿＿＿＿

（2）厨房里的发明创造：＿＿＿＿＿＿　　专利类型：＿＿＿＿＿

（3）校园里的发明创造：＿＿＿＿＿＿　　专利类型：＿＿＿＿＿

（4）超市里的发明创造：＿＿＿＿＿＿　　专利类型：＿＿＿＿＿

发明创造的重要技能——专利检索

专利是保护发明创造者权利的公开申明，所以，相同的发明创造只能授予第一个申请专利权的人。就算这个发明创造是你自己先想出来的，但如果该发明创造已经有人申请专利了，那你的发明就不能得到保护了。

同学们在发明创造之前，还要学会一项重要的技能，避免白白浪费掉我们的时间和精力。

这项技能叫"专利检索"。当你灵感一现，有了一个绝妙的想法之后，首先就要通过"专利检索"，看看这个想法别人是否已经实现为发明创造，并且申请了专利。

运用国家知识产权局官网"专利检索"功能

（1）使用电脑登录国家知识产权局的官方网站（https://www.cnipa.gov.cn），在"政务服务"里找到"专利检索"。

（2）在打开后的页面登录您的账号或者注册一个新账号，登陆之后，点击"高级检索"。

（3）在"发明名称"或"摘要"里填写上你需要检索的关键词，点击最下方的"生成检索式"，再点击"检索按钮"，即可实现检索。

蒲公英行动 知识产权教育读本

（4）检索的结果会出现在下方，这里特别需要注意：

虽然名称可能相近甚至是完全相同，但是或许发明内容里的技术方案并不一样，能够检索出你将要进行的发明的名称，并不代表你设想的发明就已经被申请过了。我们需要点击进去，具体查看检索出来的技术方案和你设想的技术方案是否一致。

（5）点击专利名称下方的"详览"按钮即可查看内容。

摘要

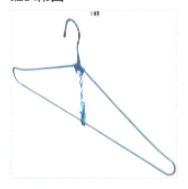

摘要附图

1. 本外观设计产品的名称：带夹子的衣架。2. 本外观设计产品的用途：本外观设计产品用于晾晒被子及毯子等日用纺织品。3. 本外观设计产品的设计要点：产品的中部带有链条，链条上带有夹子。4. 最能表明本外观设计设计要点的图片或照片：立体图。5. 省略视图：省略无设计要点的左、右、俯、仰、后视图。

同学们，这项"专利检索"的技能你学会了吗？尝试通过"专利检索"技能，查看一项发明的内容。

✳️ 延伸思考：想法是否可以申请专利？

例如：我想发明一种能自动驾驶的运动鞋，可是我并不知道要如何制作，那么我的这个想法，可以申请专利吗？

专利是对发明创造的保护，所以没有具体技术方案的设想是不可以申请专利的，也就得不到专利权的保护。

如果你有一个很棒的设想，但是不知道如何实现，可以向父母或者老师请教，在他们的指导和帮助下，将你的设想变为具体的技术方案，就可以申请专利了。

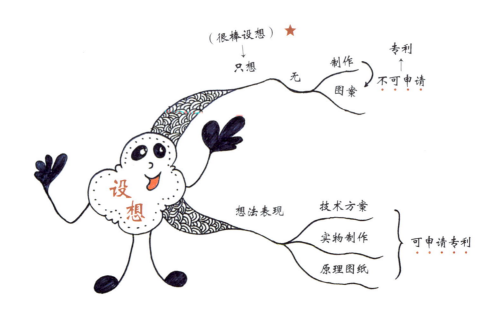

✿去创意：完成发明创造绘制草图

（加一加、仿一仿、减一减）

3 玩 商标总动员

本章关键：商标是商品或服务的标识。

Trademark General Mobilization

✦【找线索】认识商标

同学们，下面这些品牌的标识你们认识几个？你能说出它所代表的产品吗？你是在什么情况下认识这个标识的？

你发现了吗？

这么一个简单的标识，就能让人联想到它所代表产品的信息，一个成功的品牌能把它所有的信息都赋予到这个标识上，这也就是商标的价值，所以需要知识产权来保护它。

商标由文字、图形、字母、数字、三维标记、颜色组合的标志等，以及上述要素的组合构成。它是用以区别商品或服务不同来源的标识。

蒲公英行动 知识产权教育读本

【来揭秘】和专利一样，注册商标是需要申请的

前面的商标，你发现他们的共同之处了吗？没错！他们的右侧都有一个带圈的 R 标识，这就是已经注册过的商标！

与知识产权有关的四种标识

Ⓡ	TM	Ⓒ	Ⓟ
注册商标	商标	版权保护	版权保护
已经注册	英文缩写	音像产品	录音唱片

❋【来揭秘】一个形象标识可能包含多个注册商标

下面的这个标识其实是由四个部分组成的，其中两个部分是注册商标，一个部分是已经提交注册的商标，还有一个部分是版本信息，他们共同组成了一个新的商标。你能将他们区分开吗？

LOGO 标志

品牌英文名标志

广告语 / 行业标志

品牌中文名标志

版本型号标志

【来揭秘】对商标的保护既是对生产者品牌的保护，也是对消费者权益的保护

商标代表着一个品牌产品的特殊属性，如果被盗用，不仅是对品牌形象的损害，也是对消费者权益的损害。既然一个商标有那么大的价值，自然需要对它进行精心设计并加强保护。

同学们，你们还记得作业本上打的红"√"吗？它表示"对的！正确"。全球著名的体育运动品牌——耐克，也有这红红的一勾。

1971年，耐克的创始人在校园遇到了一个女大学生，请她设计一个标志，并承诺以每小时2美元的价格支付报酬。后来这个女大学生花了17.5小时设计耐克标志，也就是说她能得到35美元的设计报酬。

【找线索】 我们一起去寻找

耐克标志从最初的"35美元"升值为今天的几百亿，创始人与女大学生的设计堪称传奇。耐克后来的发展也证明了这是个"美满"的故事。所以商标和产品的联系是紧密的，耐克的走红与这个标志的深入人心是分不开的。

【追问题】商品为什么要有标识？

耐克的商标最初只花了 35 美元，而今天它的市场估值已超过 600 亿美元。你相信吗？

1984 年，耐克公司开始走向辉煌，公司管理者们认识到标志的重要性，赠予了设计这个商标的女大学生 500 份公司股权（约值 64 万美元）。首次用于"耐克"命名的运动鞋，鞋底有方形凸粒以增强稳定性，鞋身两旁的刀形弯勾，象征女神的翅膀。

这是耐克特有的标志。

【来揭秘】商标是商品和服务的标识，注册受到法律保护

红色小勾图案，方便识别和记忆，简洁明了，美观耐看，造型有力，代表速度，也代表动感和轻柔，有一种打动人心的力量，让人联想到使用耐克体育用品时所产生的速度和爆发力。

收集日常生活中你认识的商标

✵【讲故事】

菲律宾的一个渔夫，走进一家昂贵的精品店里，他不用开口说话，只要伸出五根手指，就能买到了他所想要的一瓶香水。NO.5，香奈儿（Chanel）5号香水，香水界的一个魔术数字，代表一个美丽的传奇。

✵【找线索】商标的来源

商标的起源可追溯至古代，起源于农夫烙印在牲畜身上的烙记；有关商标权的资料显示，在中世纪，大部分手工业者要从事商业活动，必须加入各种行会，行会要求各个手工业者的产品上必须标注行会标记和制作者的标记。

（1）标注行会标记，证明该产品是在行会控制下制作的，而非所谓的"私货"。

（2）标注制作者的标记，是为了找到不合格产品的责任承担者，以方便对产品质量进行控制。

今天，我们从中国、埃及、罗马等国家出土的陶器上发现的制陶工的标记，已经具有了商标的雏形。

✷【追问题】商标与生活中产品的关系

"珍宝珠"是棒棒糖世界的元老。自从20世纪50年代晚期进入市场以来,"珍宝珠"一直是少有竞争对手的大型商业品牌。对于它能存在多久,其商标就是最好的证明——这家公司的商标自1969年确立之后从未改变。这枚商标是萨尔瓦多·达利为这家棒棒糖公司设计的。

达利与好友一起用午饭时,应好友之邀,在一个小时之内创作了这枚商标图形。尽管图形看上去很简单,但达利的杰作一直出现在棒棒糖顶端,而不是侧面,确保总能让人们看清楚。好的商标会让产品更具有竞争力。

✷【来揭秘】商标的功能

(1)表明商品或服务的来源。

(2)区别于其他的商品或服务。

(3)进行广告宣传。

(4)增强企业的竞争力。

(5)传递企业文化。

✷【去实践】商标权的法庭

组织商标权的辩论赛。

创 ^A 意实践活动

 1. 写出你知道的商标

汽车商标：

食品商标：

手机商标：

 2. 商标是一种标识，需要申请注册才能受到保护

我国《商标法》规定，经知识产权局核准注册的商标，包括商品商标、服务商标和集体商标、证明商标，商标注册人享有商标专用权，受法律保护，如驰名商标，会获得跨类别的商标专用权法律保护，是竞争中的有力武器。

 3. 设计一个自己的商标

商标是无声的推销员，可以转让或允许他人使用。未经商标注册所有人同意而擅自使用，就构成侵权。

创B意实践活动

1. 商标有哪些表达形式

请选择填空

A. 图形   B. 文字   C. 符号

D. 数字   E. 声音   F. 字母

G. 线条   H. 颜色   I. 气味

J. 书法   K. 影像   L. 味道

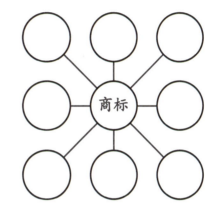

2. 为钢笔设计一个商标

功能：可以自动吸墨水，又能根据写字者需求调整笔尖粗细。请你为这支钢笔设计一个商标，画出商标设计草图。

展示设计，小组交流大家设计的商标形状和它代表的含义。

商标是一种识别标识，主要作用在于维护商业秩序。商标权有效期10年，期满后可申请延期。

商标权是一种无形财产，具有经济价值，可以用于抵押，也可以依法转让。

4 思 著作权审理

本章关键：著作权就是版权。

Thinking about Copyright Trial

 【讲故事】上幼儿园的爸爸

我本来不认识那个"上幼儿园的爸爸"，可是有一天……

老师气冲冲地拿着一篇前天布置给我们写人的作文，念给全班同学听："我的爸爸叫小明，是个鼻涕虫，喜欢模仿加刚特尔。他最怕的事情是上幼儿园。每次我背着爸爸上幼儿园，他都吵着要买冰淇淋，否则就哭个不停，鼻涕掉到嘴里，他舔两下又接着哭。真是个淘气又难缠的爸爸……"念到这儿，教室里顿时哄堂大笑。

蒲公英行动 知识产权教育读本

✳ **【找线索】大家为什么会哄堂大笑**

有的同学说："老师，他抄袭，我知道他抄的是《蜜蜂报》上的一篇作文，叫《我的弟弟》！"还有同学说："老师，他不动脑筋，抄袭别人的作品是不对的。"

✳ **【追问题】智力劳动成果包含很多方面，你知道有哪些?**

请写在大圆内。

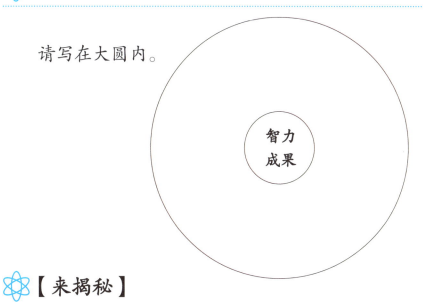

智力
成果

✳ **【来揭秘】**

著作权是指作者对其创作的文学、艺术、科学技术作品依法享有的权利。在我国著作权即指版权。

作者通过智力劳动创作了作品，在法定期限内享有该作品的专有权利。

所以，尊重原创，不能抄袭，他人的智力劳动成果是受法律保护的。

创意实践活动

 去实践

（1）看完《上幼儿园的爸爸》故事，你笑了吗？为什么笑？你有什么启发？

（2）"哈利·波特"系列小说和电影在全球掀起阅读和收视狂潮，你知道作者有着怎样艰辛的创作经历吗？课外查找相关材料，感受原创作品创作过程的艰辛和不易。

（3）编一个属于自己的原创童话故事。

（4）下面的作品也是受著作权保护的。

舞蹈

科普剧编排

摄影作品

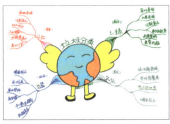

思维导图

民居设计

（5）创作自己的作品。

（绘画、思维导图、模型制作、舞蹈、音乐、摄影照片等）

创^B意实践活动 **Basic Met**

 去实践

1. 著作权是什么？你能举例说明吗？

2. 著作权保护的范围有哪些？你能举例说明吗？

3. 怎样获得著作权？请你查查资料。

蒲公英行动 知识产权教育读本

4. 开展著作权保护状况社会小调查，从实践活动中认识和寻找著作权保护的方法。

5. 请根据你的兴趣爱好，写一篇作文、编一段舞蹈、拍一张照片或画一幅图画。

Genuine vs Piracy

以班级为单位，组织关于盗版的辩论会

正方

盗版是危害社会的
应该抵制

反方

盗版是造福社会的
应该支持

Are you ready

活动一

盗版书籍和盗版光碟比正版书籍和正版光碟便宜，有人为了省钱买了盗版书籍或光碟。他做得对吗？

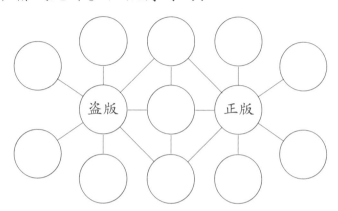

 活动二

结合实际生活，说说盗版的危害。

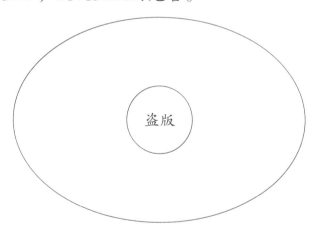

 活动三：创演小品

把买卖盗版光碟（或其他）的行为、心理通过小品的形式表演出来。

5 记 知识产权事

知识产权事 Remember intellectual property

4月26日 世界知识产权日

本章关键：尊重知识、崇尚科学、保护知识产权，营造鼓励知识创新和保护知识产权的法律环境。

【讲故事】"世界知识产权日"的由来

世界知识产权日由世界知识产权组织于2001年4月26日设立，并从2001年起，每年的4月26日被定为"世界知识产权日"，目的是在世界范围内树立尊重知识、崇尚科学和保护知识产权的意识，营造鼓励知识创新和保护知识产权的法律环境。每年世界知识产权组织会确定一个主题，各成员国应围绕当年主题在世界知识产权日期间举办各种宣传活动。

【找线索】知识产权标志的含义

主体字母为"I""P""R"：

——"IPR"为知识产权英文"Intellectual Property Rights"的首写字母。

三个字母变形组成一个活跃的人体形状：——意为："知识以人为本，保护知识产权，维护权利人的利益。"

标志包括主体字母、"宣传周"日期及中英文名称三部分，体现与世界知识产权日的联系。

【追问题】——世界知识产权日自成立以来的主题

时间	主题
2001 年	今天创造未来（Creating the Future Today）
2002 年	鼓励创新（Encouraging Creativity）
2003 年	知识产权与我们息息相关（Making IP your Business）
2004 年	知识产权对促进经济、社会和文化发展的重要性（the Importance of IP for Economic, Social and Cultural Development）
2005 年	思考、想象、创造（Think, imagine, create）
2006 年	发明创造始于构思（IP—It Starts with an Idea）
2007 年	知识产权（IP）与创造之间的联系（the Link Between IP and Creativity）
2008 年	庆祝创新并开展关于尊重知识产权的宣传工作（Celebrating Innovation and Respecting IP）
2009 年	宣传绿色创新这项确保未来安全的重要工作
2010 年	创新——将全世界联系在一起（Innovation—Linking the World）
2011 年	设计未来（Designing the Future）
2012 年	天才创新家（Visionary Innovators）
2013 年	创造力：下一代（Creativity：The Next Generation）
2014 年	电影——全球挚爱（Movies—A Global Passion）
2015 年	因乐而动 为乐维权（Get up, stand up. For music）
2016 年	数字创意 重塑文化（Digital Creativity: Culture Reimagined）
2017 年	创新改变生活（Innovation—Improving Lives）
2018 年	变革的动力：女性参与创新创造（Powering Change: Women in Innovation and Creativity）
2019 年	奋力夺金：知识产权和体育（Going for Gold: IP and Sport）
2020 年	为绿色未来而创新（Innovate for a Green Future）
2021 年	知识产权和中小企业：把创意推向市场
2022 年	知识产权与青年：锐意创新　建设未来

去实践·走进同学的发明

1. 云南十九怪，土豆做成筷。

昆明一所小学有两个聪明的小朋友小加和小鑫，在一次在科技发明兴趣班活动时，小朋友们纷纷对如何保护森林发表自己的意见。小鑫想起在麦当劳吃薯条时她的好朋友小加用两根长薯条作筷子挑番茄酱的场景，提议用土豆来做筷子试试，大家对此十分感兴趣，于是开始了实验研究。他们将新鲜土豆煮熟，去皮后压成泥状，加入糯米粉和面粉，搅拌均匀，用手工或模具加工成条型，放入微波炉，调到中火档烤2~4分钟，生态土豆筷子就成型了。经过上

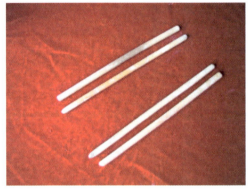

减少森林砍伐

百次的实验，小加和小鑫终于成功地制作出生态土豆筷子。

2. 你认为生态土豆筷子与木制筷子相比较，有什么优点？

"生态土豆筷子"具有无毒、无害、经济、实用、环保等特点。

土豆属于食物，可以根据人们的喜好，做成不同的口味食用，还可以给牲畜做饲料，可以说没有一点儿浪费，也不会污染环境。

"生态土豆筷子"与木制筷子相比较，优越性显而易见。为了制作一次性筷子，我国每年大约砍伐 600 万棵大树。过度砍伐树木，导致森林被破坏，使人类的生存环境急剧恶化。我国是一个人口众多、资源相对匮乏的国家，保护生态环境意义重大。

3. 生态土豆筷子是发明吗？可以申报专利吗？

小加和小鑫的"生态土豆筷子"的发明作品参加第二十一届科技创新大奖赛，分别获市级、省级、国家级一等奖，并获"第五届宋庆龄少年儿童发明奖"竞赛金奖、"第十六届全国发明博览会"银奖。

《凤凰卫视》邀请参加"科技创新大奖"赛的师生前往北京，参加"说出你身边的故事"节目。2008 年，两位小作者受邀参加了国家科技奖励大会。

2009 年 1 月，"生态土豆筷子"被国家专利局授予了发明专利。

創 B 意实践活动

 **去实践**

1. 联想在我们的日常生活中，还有哪些浪费的现象？

请写在大圆内。

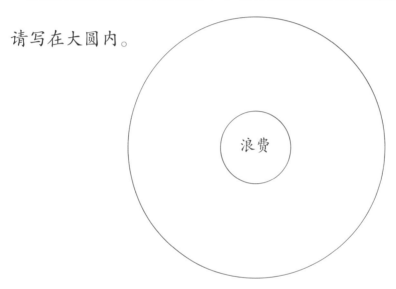

浪费

2. 我们可以用什么环保材料代替那些一次性的物品呢？设计一个作品，解决浪费的现象，和自己的爸爸、妈妈一起动手，把你发明的作品制作出来吧！

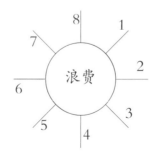

浪费

3. 以 "能吃的牙签" 为主题，办一期小报。

资料库

　　有一种"能吃的牙签"，源于几年前一次意外事故。当时，有些饲养员以酒店的残羹剩饭为饲料喂猪，结果竹牙签混进饲料中，戳伤了猪的脏器。饲养场开玩笑地建议说，若能改成用土豆淀粉制作牙签，就不会伤害到猪了。没想到此建议一提出，立即受到环保部门的大力倡导和支持，短短一年，可食用牙签就全面普及。

　　这种牙签的原材料是土豆淀粉、番薯粉、玉米面粉等，不但可以吃，而且就算掉在地上，遇到水也会自动溶解。由于原材料不同，牙签颜色有淡绿色、淡黄色、浅灰色等。可食用牙签受到了人们的普遍欢迎，因为它不但解决了伤害猪的问题，还减少了环境污染，节约了资源。

1. 变一变

改变物品的形状、颜色，调整每部分的位置、方向，看看会怎么样呢？

铅笔一开始的设计是圆的，容易从桌上滚落。有人就设计成六角形，克服了这个缺点；后来又有人将铅笔设计成三角形，更便于人们书写。

2. 减一减

把一件物品原有的部件减去一些，成为一个新东西，会不会更方便使用？

一般茶几都有 4 只脚，比较占地方，对于房间面积不大的家庭来说，使用起来不够方便。用"减一减"的办法，减去茶几的两只脚，把剩下的两只脚改成"L"形。这样，在不使用的时候，可以把脚插入沙发的底下，增加了沙发前的空间面积。

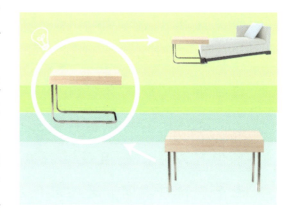

3. 缩一缩

把一件东西压缩或缩小，它的功能、用途会发生什么变化？

把日常使用的保温瓶缩小，就成了新东西——保温杯了，便于人们外出时携带。

4. 扩一扩

同学们，搞小创作、小发明时，"扩一扩"也是一种可以选择的途径。"扩一扩"的用处真不小，你想试试吗？

下雨了，两个同学合用一把雨伞，结果两人各淋湿了一边肩膀。其中一个同学想到了"扩一扩"，就设计了一把双人伞，扩大了伞面的遮挡面积。

5. 改一改

寻找生活中的物品使用不方便的地方，尝试改造。

发现物品在使用过程中不顺手、不方便、不合理或有其他不足，想想如何改进，让它更便于使用。

有个同学滴眼药水时，经常会将药水滴到眼睛外面，于是他发明了一种"带眼睛的眼药水瓶"。这种眼药水瓶根据一定的角度，在眼药水瓶上装了两面小镜子，解决了滴眼药水会滴到眼睛外面的问题。

6. 联一联

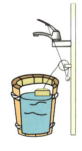

把两样或多样事物联系起来，组合成一个具有更多功能的新事物。左图是一个"自来水自动关水装置"，同学们观察一下，这个装置是怎样做到自动关水的？

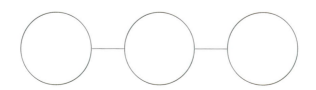

C 创意实践活动

知识产权擂台赛

同学们，通过学习和联系我们的日常生活，关于"知识产权"你知道了些什么？你现在能成为一个了解"知识产权"常识的"小博士"了吗？让我们一起来进行一场热火朝天的擂台赛吧！

比赛规则

（1）将全班同学分为四个组，进行第一轮淘汰赛。

（2）形式为笔试，试题由教师提前准备好，以组为单位完成。

（3）题目：什么是知识产权？什么是商标？什么是专利？什么是版权？

（4）各组以抽题的方式完成其中一个问题，完全答对的同学胜出，答错或回答不完整的同学淘汰。

（5）在各组胜出的同学中组织第二轮辩论赛。以抽签决定，两两一队，分正、反两方进行辩论。

（6）辩题：专利与我们的生活有无关系？商标有无实际意义？两队各决出一个胜出者。

（7）胜出的两个组进行第三轮抢答赛。由老师准备好9道知识产权与生活相关的抢答题，组织两队选手进行抢答，答对题目多的一组夺得总冠军。

创D意实践活动

 活动设计

知识产权教育主题活动创意设计

1. 主题
和盗版说"拜拜"。

2. 目的
排演小剧目，让同学们树立尊重他人知识产权、保护自己知识产权的意识。在生活中，同学们能自觉抵制盗版书籍、盗版光盘等侵犯知识产权的产品。

3. 形式
通过排演小剧目，向同学们传输保护知识产权的知识和意识。让同学们在活动中体验，在活动中感悟，积极参与到"和盗版说'拜拜'"的活动中来。

4. 准备

5. 过程
搜集知识产权的相关材料。
搜集有关知识产权的故事和视频。

（1）小剧本——《森林里的古怪事》

人物：小兔记者、熊伯伯、猴阿姨、狼、狐狸以及其他小动物

场景一：晚上，劳累了一天的动物们坐在电视机前，它们打开电视，可换来换去，每个频道都是广告，看不到精彩的电视剧。大家又来到电影院，电影院也没新的影片看，放的都是大家看过好多遍的片子，大家只好无聊地踱来踱去。该睡觉了，小动物们嚷嚷着要爸爸、妈妈讲故事。可爸爸、妈妈没新故事可以讲，小家伙们可不依，又哭又闹，弄得大家都无法睡觉。第二天，森林里的动物们无精打采，谁也不能好好工作。

场景二：森林王国一片混乱，最关注森林王国居民生活品质的森林电视台记者小兔着急了，经过调查才知道：原来故事大王熊伯伯停笔不写故事了；猴阿姨不拍电影、电视剧了。小兔记者在自己主持的森林电视台《关注生活》栏目中对熊伯伯、猴阿姨做了一次专访。

小兔记者：熊伯伯，您好！我是听着您的故事长大的，您的故事深受小朋友们的喜欢，是您的故事培养了小朋友们善良、坚毅的品格，您一直是小朋友们心目中的偶像。可是，您为什么停笔不写故事了呢？

熊伯伯：我知道小朋友们都喜欢我的故事。以前，我写的故事书一直都是畅销书，因此我的生活也过得很充实、很富足。可这两年，每次我写的故事书刚印刷好，还没来得及拿出去卖，森林中已经到处都在卖我的故事书了，而我自己印刷的却一本都卖不出去。你知道这是怎么回事吗？这是有人在盗版！这样的情况如果再继续下去，我就无法生活啦！我只有放弃写故事，改行做别的事了。

小兔记者：熊伯伯的书是被别人盗版了，那猴阿姨不拍电影、电视剧又是怎么回事呢？

猴阿姨：嗨，别提啦！还不是跟熊伯伯一样，被人盗版。每次我花几百万元、几千万元钱拍出一部好电影或电视剧，还没有公开放映，就有盗版光碟流向市场了。人们花几元钱买张盗版光碟回家，想看就看，再也不愿到电影院去看电影了。因此，我每次拍电影投入的资金都收不回成本。再继续下去，你说我是不是要赔光老本？

熊伯伯：盗版不光是侵犯了我们的权利，影响了我们的收入，还严重地影响了我们森林王国的税收呢！我们出书和卖影片都要交版税，而盗版者却分文不用交。

小兔记者：盗版实在可恶。亲爱的观众朋友们，我们作为森林王国的主人，为了保护作者的著作权，为了丰富我们的精神生活，为了切实提高我们的生活品质，请赶快行动起来：拒绝盗版，打击盗版！

场景三：森林王国的居民们恍然大悟，原来自己没有电影、电视剧看，孩子们没有故事听，跟自己买了盗版书籍和盗版光碟有直接的关系。大家立刻把盗版书、盗版光碟拿出来集中销毁了，那印刷盗版书籍的狼和制作盗版光碟的狐狸也被送上了森林大法庭，受到了应有的惩罚。

（2）演绎剧本

分配：主角有小兔记者、熊伯伯、猴阿姨以及狼和狐狸。其余还可以有一些扮演其他动物的演员。

排演：《森林里的古怪事》。

说说：你们身边见过像狼和狐狸那样制作盗版书籍和盗版光碟的人吗？你有没有向他们买过那些盗版书籍和盗版光碟？

（3）讨论盗版，判断对错

为什么商贩会制作盗版书籍、盗版光碟卖？这样的行为对不对？

（　　　　　　　　　　　　　　　　　　　　）

为什么我们会购买盗版书籍、盗版光碟？我们今后应该怎样做？

（　　　　　　　　　　　　　　　　　　　　）

（4）明白道理

制作、售卖盗版书籍、盗版光碟都是侵犯他人知识产权的行为，不但让读者、观众买到质量差的书籍、光碟，作家、导演的辛勤劳动也得不到回报，同时，书籍、光碟市场的秩序也会被扰乱。

制作、售卖盗版书籍、盗版光碟被警察叔叔抓到后会按"非法经营罪（违反国家法律买卖东西而被处罚）"处理，轻则罚款，重则会被抓进监狱坐牢。这是国家对知识产权的保护。

（5）说说感受

我知道：_____。

我宣传：从我做起，从现在做起，做个宣传、维护"正版"的小小宣传员，用你喜欢的方式，和"盗版"说"拜拜"！

我制作：设计制作一份保护知识产权的创意海报。

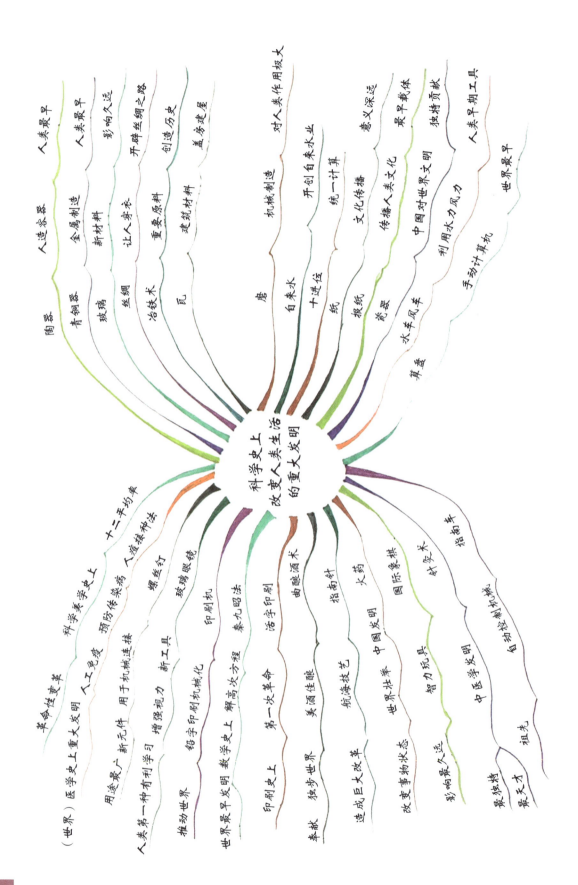

科学史上
改变人类生活
的重大发明

人类最早　人造容器　陶器
人类最早　金属制造　青铜器
影响久远　新材料　玻璃
开辟丝绸之路　让人享乐　丝绸
创造历史　重要原料　冶炼术
监场建星　建筑材料　瓦

机械制造　磨
开创自来业　自来水
统一计算　十进位
文化传播　纸
意义深远　传播人类文化　报纸
最早载体　中国对世界文明　瓷器
利用水力风力　独特贡献　水车风车
人类早期工具　手动计算机　算盘
世界最早　指南车

革命性变革　（世界）医学史上重大发明
科学史学史上　人工免疫
十二平均率　预防传染病
用途最广　新元件　螺丝钉
人类第一种有利科学习增强视力　玻璃眼镜
推动世界　新工具　印刷机
世界最早　铅字印刷机械化　活字印刷
数学史上发明解高次方程　秦九韶法
第一次革命　曲酿酒术
狭步世界　美酒佳酿　指南针
造成巨大改革　航海技艺　火药
改变事物状态　世界出来　国际象棋
影响久远　中国发明　针灸术
智力玩具　指南车
中医学发明　自动控制机械
最独特　祖光
最天才　祖充

蒲公英行动　知识产权教育读本

后　记

　　《蒲公英行动·知识产权教育读本》（以下简称《读本》）完成了，欣慰油然而生。回顾整个编著过程：组建编委—拟定框架—论证内容—编撰活动—实践完善—不断修订，整个编撰工作按计划进行。编委通过查阅大量的资料，做了大量的学习调研、编写与排版、实践运用、检验论证，直至完成，比预期提前和超出了许多，历经22稿，终于能与读者见面了。

　　编著理念：《读本》紧扣实操，体现"易教学，创特色"，图文并茂，结构清晰，内容丰实，特色凸显，知识精准，让师生在创意活动中学习、应用、保护知识产权。

　　编著体系：知识产权教育不仅是单纯的知识灌输，也是融入社会实际生活的点点滴滴。因此，《读本》以"游—访—玩—思—记"的创意设计，用"以学定教"的教育视角编写系列实践活动。

　　编著难点：在《读本》的编写中，考虑到对知识产权的保护，图片基本采用手绘，文字也尽量多地进行原创，包括版面的创作设计，都来源于学校教师。可以说云南终于在知识产权教育读本的编写上跨出了第一步。

　　教学实践：《读本》的编写弥补了知识产权教育在中小学教育中的不足。重点建构知识产权教育框架体系，体现云南知识产权教育的特色，兼顾知识深浅与难易。鉴于读者对象是中小学学生和各学科教师，本书对所选内容及编排体现了学生的认知水平。通过教师的教学与学生的学习，助力师生加深对知识产权知识的了解和认识，从而达到"尊重、保护、创新"的学习目的，是云南省发明协会推动"蒲公英行动 · 知识产权教育"活动走进校园的重要部分。

专业指导：《读本》内容涉及众多领域，为确保概念及实例的准确，我们特别邀请了多方面的专家顾问参与审阅。对《读本》中的专业知识进行了反复斟酌，提出了切实完善的修改意见。在编写过程中，我们查阅了大量相关文献，在此向所有文献作者表示深深的敬意与感谢！我们希望本书对读者有所裨益。《读本》中级、高级的编写工作也即将启动，敬请期待。

谨此致谢：云南省发明协会、昆明市知识产权局、昆明市教育体育局、昆明市科技局、昆明市教育科学研究院、昆明市中小学科技教育活动中心、官渡区知识产权局、云南隐狼文创工作室的倾力支持。

最后，谨代表所有的编委，向昆一中西山学校、昆明市第二十四中学、官渡区南站小学、官渡区东站实验学校、西山区求实小学、五华区虹山小学参与《读本》教学实践的学校表示感谢！

2021年11月